EXTRAIT

DE LA LOI

SUR LES BOISSONS,

SUIVI

D'UN TABLEAU DU DROIT DE VENTE;

Par M. GRAS (Auguste) , de St-Hippolyte (Gard);

A NISMES,

Chez P. DURAND-BELLE, Imprimeur;

1823.

AVIS
Aux Marchands et Débitans de boissons.

On trouvera annexé à la présente Loi,

1.º Un tarif du droit à percevoir par hectolitre à la circulation des boissons, en exécution de l'article 1.er

2.º Un tarif des droits d'entrée à percevoir sur les boissons dans les villes et communes de 2,000 âmes de population agglomérée et au-dessus, en exécution de l'article 20.

3.º Un tableau des départemens du royaume divisés en quatre classes, pour la perception des droits de circulation et d'entrée sur les boissons.

4.º Un tarif des droits de licence à percevoir en exécution de l'article 171.

5.º Un tableau raisonné du droit de la vente en détail, calculé depuis un litre jusqu'à cent hectolitres, et depuis cinq centimes jusqu'à cinquante centimes le litre.

EXTRAIT

DE LA LOI
SUR LES FINANCES,
DU 28 AVRIL 1816.

CONTRIBUTIONS INDIRECTES.

TITRE PREMIER.
Droits sur les Boissons.

CHAPITRE PREMIER.
Droits de circulation.

ARTICLE PREMIER.

A CHAQUE enlèvement ou déplacement de vins, cidres, poirés, eaux-de-vie, esprits et liqueurs composées d'eau-de-vie ou d'esprits, sauf les exceptions qui seront énoncées par les articles 3, 4 et 5, il sera perçu un droit de circulation, conformément au tarif annexé à la présente loi, sous le n.º 1.

ART. 2.

Il ne sera dû qu'un seul droit pour le transport à la destination déclarée, quelles que soient la longueur et la durée du trajet, et nonobstant toute interruption ou changement de voie et de moyens de transport.

ART. 3.

Ne seront pas assujettis au droit imposé par l'art. 1.ᵉʳ

1.º Les boissons qu'un propriétaire fera conduire de son pressoir, ou d'un pressoir public, dans ses caves ou celliers ;

2.º Celles qu'un colon partiaire, fermier ou preneur

(4)

à bail emphytéotique à rente, remettra au propriétaire ou recevra de lui, en vertu de baux authentiques ou d'usages notoires;

3.º Les vins, cidres et poirés qui seront expédiés par un propriétaire, colon partiaire ou fermier, des caves ou celliers où sa récolte aura été déposée, et pourvu qu'ils proviennent de ladite récolte, quels que soient le lieu de destination et la qualité du destinataire.

Art. 4.

La même exception sera accordée aux négocians, marchands en gros, courtiers, facteurs, commissionnaires, distillateurs et débitans, pour les boissons qu'ils feront transporter de l'une de leurs caves dans une autre située dans l'étendue du même département.

Art. 5.

Le transport des boissons qui seront enlevées pour l'étranger ou pour les colonies françaises, sera également affranchi du droit de circulation.

Art. 6.

Aucun enlèvement ni transport de boissons ne pourra être fait sans déclaration préalable de l'expéditeur ou de l'acheteur, et sans que le conducteur soit muni d'un congé, d'un acquit-à-caution ou d'un passavant pris au bureau de la Régie. Il suffira d'une seule de ces expéditions pour plusieurs voitures ayant la même destination et marchant ensemble.

Art. 7.

Les propriétaires, fermiers ou négocians qui feront transporter des vins, des cidres ou des poirés, dans un des cas prévus par les articles 3 et 4, ne seront tenus de se munir que d'un passavant, dont le coût sera de 25 centimes, le droit de timbre compris.

Art. 8.

Lorsque la déclaration aura pour objet des boissons expédiées à l'étranger ou aux colonies françaises, l'expéditeur, pour jouir de l'exemption prononcée

par l'article 4, sera obligé de se munir d'un acquit-
à-caution, sur lequel sera désigné le lieu de sortie.
Ce lieu ne pourra être changé, sans qu'il y ait ou-
verture à la perception du droit, si ce n'est du consen-
tement de la Régie, qui ne pourra le refuser en
cas de force majeure.

Le coût de l'acquit-à-caution sera également de
25 centimes, y compris le timbre.

ART. 9.

Dans tous les cas autres que ceux déterminés par
les deux articles précédens, l'expéditeur sera tenu de
payer les droits portés en l'article 1.er, et de se munir d'un congé, s'il s'agit de vins, de cidres ou de
poirés; ou d'un acquit-à-caution, s'il s'agit d'eaux-
de-vie, d'esprits ou de liqueurs, sauf l'exception qui
sera prononcée par l'article 88 ci-après.

ART. 10.

Il ne sera délivré de passavant, congé ou acquit-
à-caution, que sur des déclarations énonçant les quantités, espèces et qualités de boissons, les lieux d'enlèvement et de destination ; les noms, prénoms, demeure et profession des expéditeurs, voituriers et
acheteurs ou destinataires. Dans les cas d'exception po-
sés par l'article 3, les déclarations contiendront en
outre la mention que l'expéditeur est réellement propriétaire, fermier ou colon partiaire récoltant, et
non marchand en gros ni débitant, et que les boissons expédiées proviennent de sa récolte.

ART. 11.

L'obligation de déclarer l'enlèvement et de prendre
des expéditions n'est point applicable aux transports
de vendanges ou de fruits.

ART. 12.

Dans tous les cas où un simple passavant sera nécessaire, et lorsque la Régie n'aura pas de bureau dans
le lieu de l'enlèvement, cette expédition pourra n'être
délivrée qu'au passage des boissons devant le pre-

mier bureau, moyennant que le conducteur ait été muni au départ d'un laissez-passer signé par l'expéditeur, et contenant toutes les indications voulues par la déclaration ; ce laissez-passer sera échangé contre le passavant.

Les laissez-passer seront marqués du timbre de la Régie ; il en sera déposé en blanc dans les bureaux principaux, pour être délivrés aux personnes solvables qui seront autorisées à en faire usage. Les propriétaires qui les auront obtenus, seront obligés d'en faire connaître l'emploi ; ils n'auront de valeur que durant le cours de l'année pendant laquelle ils auront été délivrés.

Toutes boissons circulant avec un laissez-passer au delà du bureau où il aurait dû être échangé, seront considérées comme n'étant accompagnées d'aucune expédition, et passibles de la saisie.

ART. 13.

Les boissons devront être conduites à la destination déclarée dans le délai porté sur l'expédition. Ce délai sera fixé en raison des distances à parcourir et des moyens de transport. Il sera prolongé en cas de séjour en route, de tout le temps pendant lequel le transport aura été interrompu. Il n'y aura lieu à la perception d'un nouveau droit de circulation, que dans le cas où l'interruption serait suivie d'un changement de destination.

ART. 14.

Le conducteur d'un chargement dont le transport sera suspendu, sera tenu d'en faire la déclaration au bureau de la Régie dans les vingt-quatre heures, et avant le déchargement des boissons. Les congés, acquits-à-caution ou passavans, seront conservés par les Employés jusqu'à la reprise du transport. Ils seront visés et remis au départ, après vérification des boissons, lesquelles devront être représentées aux Employés, à toute réquisition.

ART. 15.

Toute opération nécessaire à la conservation des boissons, telle que transvasion, ouillage ou rabattage, sera permise en cours de transport; mais seulement en présence des Employés, qui en feront mention au dos des expéditions. Dans le cas où un accident de force majeure nécessiterait le prompt déchargement d'une voiture ou d'un bateau, ou la transvasion immédiate des boissons, ces opérations pourront avoir lieu sans déclaration préalable, à charge par le conducteur de faire constater l'accident par les Employés, ou, à leur défaut, par le Maire ou l'Adjoint de la commune la plus voisine.

ART. 16.

Les déductions réclamées pour coulage de route seront réglées d'après les distances parcourues, l'espèce de boissons, les moyens employés pour le transport, sa durée, la saison dans laquelle il aura été effectué et les accidens légalement constatés. La Régie se conformera à cet égard aux usages du commerce.

ART. 17.

Les voituriers, bateliers et tous autres qui transporteront ou conduiront des boissons, seront tenus d'exhiber, à toute réquisition des Employés des contributions indirectes, des douanes et des octrois, les congés, passavans, ou acquits-à-caution ou laissez-passer dont ils devront être porteurs; faute de représentation desdites expéditions, ou en cas de fraude ou de contravention, les Employés saisiront le chargement; ils saisiront aussi les voitures, chevaux et autres objets servant au transport, mais seulement comme garantie de l'amende, à défaut de caution solvable. Les marchandises faisant partie du chargement qui ne seront pas en fraude seront rendues au propriétaire.

ART. 18.

Les voyageurs ne seront pas tenus de se munir

d'expéditions, pour les vins destinés à leur usage pendant le voyage, pourvu qu'ils n'en transportent pas au-delà de trois bouteilles par personne.

ART. 19.

Les contraventions au présent chapitre seront punies de la confiscation des boissons saisies, et d'une amende de 100 fr. à 600 fr, suivant la gravité des cas.

CHAPITRE II.

Droits d'entrée sur les Boissons.

§. I.er

De la Perception.

ART. 20

Il sera perçu, au profit du Trésor, dans les villes et communes ayant une population agglomérée de deux mille âmes et au-dessus, conformément au tarif annexé à la présente loi sous le n.° 2, un droit d'entrée sur les boissons introduites ou fabriquées dans l'intérieur, et destinées à la consommation du lieu.

Le classement des départemens, établi par le tableau n.° 3, pourra, s'il s'élève des réclamations, être rectifié par le Ministre Secrétaire d'état des finances, sur l'avis du Directeur général des contributions indirectes, lorsqu'il sera reconnu qu'il y a eu erreur dans les calculs ou les bases qui ont déterminé la classification.

ART. 21.

Ce droit sera perçu dans les faubourgs des lieux sujets, et sur toutes les boissons reçues par des débitans établis sur le territoire de la commune ; mais les habitations éparses et les dépendances rurales entièrement détachées du lieu principal en seront affranchies.

ART. 22.

Les communes assujetties aux droits d'entrée seront rangées dans les différentes classes du tarif, en raison de leur population agglomérée. S'il s'élève des difficultés relativement à l'assujettissement d'une commune

ou à la classe dans laquelle elle devra être rangée par
sa population, la réclamation de la commune sera
soumise au préfet, qui, après avoir pris l'opinion du
Sous-Préfet et celle du Directeur, la transmettra,
avec son avis, au Directeur général des contributions
indirectes, sur le rapport duquel il sera statué par
le Ministre des finances, sauf le recours de droit;
et la décision du Préfet sera provisoirement exécutée.

Art. 23.

Les vendanges et les fruits à cidre ou à poiré
seront soumis au même droit, à raison de trois hectolitres de vendange pour deux hectolitres de vin,
et de cinq hectolitres de pommes ou poires pour
deux hectolitres de cidre ou de poiré.

Les fruits secs, destinés à la fabrication du cidre
et du poiré, seront imposés à raison de vingt-cinq
kilogrammes de fruits pour un hectolitre de cidre
ou de poiré. Les eaux-de-vie, ou esprits altérés par
un mélange quelconque, seront soumis au même
droit que les eaux-de-vie ou esprits purs.

Art. 24.

Tout conducteur de boissons sera tenu, avant de
les introduire dans un lieu sujet aux droits d'entrée,
d'en faire la déclaration au bureau, de produire les
congés, acquits-à-caution ou passavans dont il sera
porteur, et d'acquitter les droits, si les boissons sont
destinées à la consommation du lieu.

Art. 25.

Dans les lieux où il n'existera qu'un bureau central
de perception, les conducteurs ne pourront décharger
les voitures, ni introduire les boissons au domicile
du destinataire, avant d'avoir rempli les obligations
qui leur sont imposées par l'article précédent.

Art. 26.

Les boissons ne pourront être introduites dans un
lieu sujet aux droits d'entrée que dans les intervalles
de temps ci-après déterminés, savoir :

Pendant les mois de janvier, février, novembre et décembre, depuis sept heures du matin jusqu'à six heures du soir.

Pendant les mois de mars, avril, septembre et octobre, depuis six heures du matin jusqu'à sept heures du soir.

Pendant les mois de mai, juin, juillet et août, depuis cinq heures du matin jusqu'à huit heures du soir.

ART. 27.

Toute boisson introduite sans déclaration dans un lieu sujet aux droits d'entrée sera saisie par les Employés ; il en sera de même des voitures, chevaux et autres objets servant au transport, à défaut par le contrevenant de consigner le *maximum* de l'amende ou de donner caution solvable.

§. II.

Du Passe-debout.

ART. 28.

Les boissons introduites dans un lieu sujet aux droits d'entrée, pour le traverser seulement ou y séjourner moins de vingt-quatre heures, ne seront pas soumises à ces droits ; mais le conducteur sera tenu d'en consigner ou d'en faire cautionner le montant à l'entrée, et de se munir d'un permis de passe-debout.

La somme consignée ne sera restituée, ou la caution libérée, qu'au départ des boissons, et après que la sortie du lieu en aura été justifiée.

Lorsqu'il sera possible de faire escorter les chargemens, le conducteur sera dispensé de consigner ou de faire cautionner les droits.

ART. 29.

Les boissons conduites à un marché dans un lieu sujet aux droits d'entrée, seront soumises aux formalités prescrites par l'article précédent.

(11)
§. III.
Du Transit.
ART. 30.

En cas de séjour des boissons au-delà de vingt-quatre heures, le transit sera déclaré conformément aux dispositions de l'article 14, et la consignation ou le cautionnement du droit d'entrée subsistera pendant toute la durée du séjour.

§. IV.
De l'Entrepôt.
ART. 31.

Tout négociant ou propriétaire qui fera conduire dans un lieu sujet aux droits d'entrée, au moins neuf hectolitres de vin, dix-huit hectolitres de cidre ou poiré, ou quatre hectolitres d'eau-de-vie ou d'esprit, pourra réclamer l'admission de ces boissons en entrepôt, et ne sera tenu d'acquitter les droits que sur les quantités non représentées, et qu'il ne justifiera pas avoir fait sortir de la commune.

La durée de l'entrepôt sera illimitée.

Ne seront pas tenus de faire entrer la quantité de boissons ci-dessus fixée, les négocians ou propriétaires jouissant déjà de l'entrepôt lors de l'introduction desdites boissons, en sorte qu'ils pourront n'en faire entrer qu'un hectolitre, s'il le jugent à propos, sans qu'ils puissent être tenus d'en acquitter de suite les droits.

ART. 32.

Tout bouilleur ou distillateur qui introduira, dans un lieu sujet, des vins, cidres ou poirés pour être convertis en eau-de-vie ou esprit, pourra aussi réclamer l'entrepôt. Le produit de la distillation, constaté par l'exercice des Employés, ne sera soumis aux droits d'entrée que dans le cas déterminé par l'article précédent.

ART. 33.

La faculté d'entrepôt sera aussi accordée aux personnes qui introduiront dans les lieux sujets aux droits d'entrée des vendanges et fruits , et qui destineront les boissons en provenant à être transportées hors de la commune.

ART. 34.

Cette même faculté pourra également être accordée à des particuliers qui recevraient des boissons pour être conduites, peu de temps après leur arrivée, soit à la campagne , soit dans une autre résidence. La déclaration devra en être faite au moment de l'arrivée des boissons.

ART. 35.

Les déclarations d'entrepôt seront faites avant l'introduction des chargemens , et signées par les entrepositaires ou leurs fondés de pouvoirs. Elles indiqueront les magasins , caves ou celliers où les boissons devront être déposées , et serviront de titre pour la prise en charge.

ART. 36.

Tout bouilleur ou distillateurs de grains, marcs, lies , fruits et autres substances, établi dans un lieu sujet aux droits d'entrée , sera tenu , s'il ne réclame la faculté de l'entrepôt , d'acquitter ce droit sur l'eau-de-vie provenant de sa distillation , et dont la quantité sera constatée par l'exercice des commis.

ART. 37.

Les entrepositaires , négocians ou distillateurs , seront soumis à toutes les obligations imposées aux marchands en gros de boissons. Ils seront tenus, en outre , de produire aux Commis , lors de leurs exercices , des certificats de sortie pour les boissons qu'ils auront expédiées pour l'extérieur , et des quittances du droit d'entrée pour celles qu'ils auront livrées à l'intérieur. A la fin de chaque trimestre , ils seront soumis au paiement de ce même droit sur les quantités manquantes à leurs charges , sauf les déductions pour coulage et ouillage autorisées par l'article 103 de la présente loi.

ART. 38.

Lorsque les boissons auront été emmagasinées dans un entrepôt public, sous la clef de la Régie, il ne sera exigé aucun droit de l'entrepositaire pour les manquans à ses charges.

ART. 39.

Les personnes qui auront droit à l'entrepôt, pourront l'obtenir à domicile, lors même qu'il existerait dans le lieu un entrepôt public (Paris excepté).

ART. 40.

Dans celles des villes ouvertes où la perception des droits d'entrée sur les vendanges, pommes ou poires, ne peut être opérée au moment de l'introduction, la Régie sera autorisée à faire faire, après la récolte, chez tous les propriétaires récoltans, l'inventaire des vins ou cidres fabriqués. Il en sera de même à l'égard des vendanges et fruits récoltés dans l'intérieur d'un lieu sujet aux droits d'entrée. Tout propriétaire qui ne réclamera pas l'entrepôt, ou qui n'aura pas récolté une quantité de boissons suffisante pour l'obtenir, sera tenu de payer immédiatement les droits d'entrée sur les vins ou cidres inventoriés.

ART. 41.

Les propriétaires qui jouiront de l'entrepôt pour les produits de leur récolte seulement, en vertu de l'article précédent, ne seront soumis, outre l'inventaire, qu'à un recensement avant la récolte suivante. Toutefois ils seront obligés de payer le droit d'entrée au fur et à mesure de leurs ventes à l'intérieur. Lors du recensement, ils acquitteront le même droit sur les manquans non justifiés, déduction faite de la quantité allouée pour coulage et ouillage.

ART. 42.

Les boissons, dites *piquettes*, faites par les propriétaires récoltans avec de l'eau jetée sur de simples marcs , sans pression, ne seront pas inventoriées chez eux, et seront conséquemment exemptes du droit ; à moins qu'elles ne soient déplacées pour être vendues en gros ou en détail.

ART. 43.

Dans celles des villes sujettes aux droits d'entrée, où la perception du droit de détail sera remplacée par un abonnement avec la commune, conformément à l'article 73., le compte d'entrée et de sortie des boissons reçues par les entrepositaires sera tenu au bureau de la Régie. Les Employés feront seulement, chaque trimestre, et en présence de l'entrepositaire, les vérifications nécessaires pour constater les quantités de boissons qui resteront en magasin, et établir le décompte des droits dus sur celles qui auront été livrées à la consommation du lieu.

§. V.

Dispositions particulières.

ART. 44.

Les personnes voyageant à pied , à cheval ou en voitures particulières et suspendues , ne seront pas assujetties aux visites des commis, à l'entrée des villes sujettes aux droits d'entrée.

ART. 45.

Les courriers ne pourront être arrêtés à leur passage , sous prétexte de la perception ; mais ils seront obligés d'acquitter les droits sur les objets qui y seront sujets. A cet effet, les Employés pourront accompagner les malles, et assister à leur déchargement.

Tout courrier , tout employé des postes qui serait convaincu d'avoir fait ou favorisé la fraude , outre les peines résultant de la contravention , serait destitué par l'autorité compétente.

ART. 46.

Les contraventions aux dispositions du présent chapitre seront punies de la confiscation des boissons saisies, et d'une amende de 100 à 200 francs, suivant la gravité des cas, et sauf celui de-fraude en voitures suspendues, lequel entraînera toujours la condamnation à une amende de 1000 francs.

Dans le cas de fraude par escalade, par souterrain ou à main armée, il sera infligé aux contrevenans une peine correctionnellé de six mois de prison, outre l'amende et la confiscation.

CHAPITRE III.

Droit à la Vente en détail des Boissons.

§. I.er

De la Perception.

ART. 47.

Il sera perçu, lors de la vente en détail des vins, cidres, poirés, eaux-de-vie, esprits, ou liqueurs composées d'eau-de-vie ou d'esprit, un droit de 15 pour 100 du prix de ladite vente.

ART. 48.

Les vendans en détail seront tenus de déclarer aux commis le prix de vente de leurs boissons chaque fois qu'ils en seront requis ; lesdits prix seront inscrits tant sur les portatifs et registres que sur une affiche apposée par le débitant dans le lieu le plus apparent de son domicile.

ART. 49.

En cas de contestation entre les Employés et les débitans, relativement à l'exactitude de la déclaration des prix de vente, il en sera référé au Maire de la commune, lequel prononcera sur le différent, sauf le recours, de part et d'autre, au Préfet, en conseil de préfecture, qui statuera définitivement dans la huitaine, après avoir pris l'avis du Sous-

Préfet et du Directeur des contributions indirectes.

Le droit sera provisoirement perçu d'après la décision du Maire, sauf rappel ou restitution. La décision ne pourra s'appliquer aux boissons débitées antérieurement à la contestation.

§. II.

Des Débitans.

ART. 50.

Les cabaretiers, aubergistes, traiteurs, restaurateurs, maîtres d'hôtels garnis, cafetiers, liquoristes, buvetiers, débitans d'eau-de-vie, concierges et autres donnant à manger au jour, au mois ou à l'année, ainsi que tous autres qui voudront se livrer à la vente en détail des boissons spécifiées en l'article 47, seront tenus de faire leur déclaration au bureau de la Régie, dans les trois jours de la mise à exécution de la présente loi, et, à l'avenir, avant de commencer leur débit, et de désigner les espèces et quantités de boissons qu'ils auront en leur possession, dans les caves ou celliers de leur demeure, ou ailleurs, ainsi que le lieu de la vente ; comme aussi d'indiquer par une enseigne ou bouchon leur qualité de débitant.

ART. 51.

Les cantiniers des troupes seront tenus de se conformer aux dispositions de l'article précédent, à l'exception de ceux établis dans les camps, forts et citadelles, pourvu qu'ils ne reçoivent que des militaires, et qu'ils aient une commission du Ministre de la guerre.

ART. 52.

Toute personne qui vend en détail des boissons, de quelque espèce que ce soit, est sujette aux visites et exercices des Employés de la Régie.

ART. 53.

Les boissons déclarées par les dénommés en l'art. 50

seront comptées et prises en charge aux registres portatifs des Commis. A cet effet, les futailles seront jaugées et marquées par les Employés, les boissons dégustées, et le degré des eaux-de-vie et esprits vérifié : il en sera de même de toutes les boissons qui arriveront chez les vendans en détail pendant le cours du débit, et qui ne pourront être introduites dans leur domicile, leurs caves ou celliers, qu'en vertu de congés, acquits-à-caution ou passavans, lesquels seront produits lors des visites et exercices, et seront relatés dans les actes de charge.

Les débitans domiciliés dans les lieux sujets aux droits d'entrée seront tenus en outre de produire aux Employés, lors de leurs exercices, les quittances de ces droits pour les boissons qu'ils auront reçues, ainsi que celles des droits d'octroi ou de banlieue, lorsqu'ils auront dû être acquittés.

ART. 54.

Le débit de chaque pièce sera suivi séparément, et le vide marqué sur la futaille à chaque exercice des Employés. Les manquans seront constatés comme les charges, par des actes réguliers, lesquels devront être signés de deux Commis, et inscrits à leurs registres portatifs.

ART. 55.

Les débitans pourront avoir un registre sur papier libre, coté et paraphé par un Juge de paix, et les Commis seront tenus d'y consigner le résultat de leurs exercices et les paiemens qui auront été faits ; ou de mentionner dans leurs actes, au portatif, le refus qu'aura fait le débitant de se munir dudit registre ou de le représenter.

ART. 56.

Les débitans seront tenus d'ouvrir leurs caves, celliers et autres parties de leurs maisons aux Employés, pour y faire leurs visites, même les jours de fêtes et dimanches, hors les heures où, à raison du service divin, lesdits lieux seront fermés en exécution des lois et ordonnances.

ART. 57.

Les débitans ne pourront vendre de boissons en gros qu'en futailles contenant au moins un hectolitre; et il ne pourra en être fait décharge à leur compte qu'autant que les vaisseaux auront été démarqués par les commis: en cas d'enlèvement sans démarque, le droit de détail sera constaté sur la contenance des futailles, sans préjudice des effets de la contravention.

Le compte des débitans sera également déchargé des quantités de boissons gâtées ou perdues, lorsque la perte sera dûment justifiée.

ART. 58.

Les vendans en détail ne pourront recevoir ni avoir chez eux, à moins d'une autorisation spéciale, de boissons en vaisseaux d'une contenance moindre qu'un hectolitre; ils ne pourront établir le débit des vins et eaux-de-vie sur des vaisseaux d'une contenance supérieure à cinq hectolitres, ni mettre en vente ou avoir en perce à-la-fois plus de trois pièces de chaque espèce de boissons. L'usage de mettre les vins en bouteilles sera néanmoins permis, pourvu que la transvasion ait lieu en présence des Commis. Les bouteilles seront cachetées du cachet de la Régie : le débitant fournira la cire et le feu.

ART. 59.

Il est défendu aux débitans de faire aucun remplissage sur les tonneaux, soit marqués, soit démarqués, si ce n'est en présence des commis; d'enlever de leurs caves les pièces vides, sans qu'elles aient été préalablement démarquées, et de substituer de l'eau, ou tout autre liquide, aux boissons qui auront été reconnues dans les futailles lors de la prise en charge.

ART. 60.

Les débitans ne pourront avoir qu'un seul râpé

de raisin de trois hectolitres au plus ; et pourvu qu'ils aient en cave au moins trente hectolitres de vin ; ils ne pourront verser de vin sur ce râpé hors la présence des Commis.

ART. 61.

Il est fait défense aux vendans en détail de recéler des boissons dans leurs maisons ou ailleurs., et à tous propriétaires ou principaux locataires de laisser entrer chez eux des boissons appartenant aux débitans , sans qu'il y ait bail par acte authentique pour les caves , celliers , magasins et autres lieux, où seront placées lesdites boissons. Toute communication intérieure entre les maisons des Débitans et les maisons voisines est interdite , et les Commis sont autorisés à exiger qu'elle soit scellée.

ART. 62.

Lorsqu'il y aura impossibilité d'interdire les communications , le voisin du débitant pourra être soumis aux exercices des Commis , et au paiement du droit à la vente en détail , lorsque sa consommation apparente sera évidemment supérieure à ses facultés , et à la consommation réelle de sa famille, d'après les habitudes du pays.

ART. 63.

Dans le cas prévu par l'article précédent , et avant de procéder à aucune opération, les Employés feront par écrit un rapport à leur Directeur. Le Directeur le transmettra au Préfet , qui prononcera définitivement sur l'avis du Maire , et autorisera , s'il y a lieu , l'exercice chez le voisin du Débitant. Les Employés ne pourront procéder à cet exercice sans exhiber l'arrêté du Préfet qui l'aura autorisé.

ART. 64.

Si le résultat de cet exercice fait reconnaître une consommation apparente , évidemment supérieure à la consommation réelle de l'individu exercé , le Directeur en référera au Préfet , qui , sur son rapport, et après avoir pris l'avis du Sous-Préfet et du Maire, déterminera, chaque trimestre, la quantité qui sera allouée pour consommation, et celle qui sera assujettie au paiement du droit.

Art. 65.

Le décompte des droits à percevoir en raison des boissons trouvées manquantes chez chaque débitant, sera arrêté tous les trois mois, et les quantités de boissons restantes seront portées à compte nouveau. Le paiement desdits droits sera exigé à la fin de chaque trimestre, ou à la cessation du commerce d'un débitant. Il pourra même l'être au fur et à mesure de la vente, pourvu qu'il y ait une pièce entière débitée, ou lorsque les boissons auront été mises en vente dans les foires, marchés ou assemblées.

Art. 66.

Il sera accordé aux débitans, pour tous déchets et pour consommation de famille, trois pour cent sur le montant des droits en détail qu'ils auront à payer.

Art. 67.

Les débitans de boissons qui auront déclaré cesser leur débit, seront tenus de retirer leur enseigne ou bouchon, et resteront soumis, pendant les trois mois suivans, aux visites et exercices des Commis. En cas de continuation de vente, il sera dressé procès-verbal de cette contravention, et, en outre, ils seront contraints, pour tout le temps écoulé depuis la déclaration, de cesser, au paiement des droits, proportionnellement aux sommes constatées à leur charge pendant le trimestre précédent.

Art. 68.

Les débitans qui auront refusé de souffrir les exercices des Employés, seront contraints, nonobs-tant les suites à donner aux procès-verbaux, au paiement du droit de détail sur toutes les boissons restant en charge lors du dernier exercice. Ils seront tenus d'acquitter en outre le même droit, pour tout le temps que les exercices demeureront suspendus, au prorata de la somme la plus élevée qu'ils auront payée pour un trimestre pendant les deux années précédentes.

A l'égard des débitans qui n'auraient pas été soumis précédemment aux exercices, ils seront obligés d'acquitter une somme égale à celle payée par le débitant le plus imposé du même canton de justice de paix.

Les procès-verbaux rapportés pour refus d'exercice seront présentés dans les vingt-quatre heures au Maire de la commune, qui sera tenu de viser l'original.

ART. 69.

La vente en détail des boissons ne pourra être faite par les bouilleurs ou distillateurs pendant le temps que durera leur fabrication. Cette vente pourra toutefois être autorisée, si le lieu du débit est totalement séparé de l'atelier de distillation.

§. III.

Des Abonnemens pour le Droit de vente en détail.

ART. 70.

Toutes les fois qu'un débitant se soumettra à payer par abonnement l'équivalent du droit de détail dont il sera estimé passible, il devra y être admis par la Régie. Lorsque la Régie ne sera pas d'accord avec ledit débitant pour fixer l'équivalent du droit, le Préfet, en conseil de préfecture, prononcera, sauf le recours au Conseil d'état, en prenant en considération les consommations des années précédentes et les circonstances particulières qui peuvent influer sur le débit de l'année pour laquelle l'abonnement est requis. Les abonnemens seront faits par écrit, et ne seront définitifs qu'après l'approbation de la Régie. Leur durée ne pourra excéder un an. Ils ne pourront avoir pour effet d'attribuer à l'abonné le privilége de vendre à l'exclusion de tous autres débitans qui voudraient s'établir dans la même commune.

ART. 71.

Il pourra encore être consenti par la Régie, de gré à gré avec les débitans, des abonnemens à l'hectolitre pour les différentes espèces de boissons qu'ils auront déclaré vouloir vendre. Ces abonnemens auront pour effet d'affranchir les débitans des obligations qui leur sont imposées relativement aux déclarations de prix de vente. Ils seront faits par écrit et approuvés par les Directeurs, et ne pourront avoir plus de durée que deux trimestres.

ART. 72.

Les abonnemens consentis en vertu des deux articles précédens, seront révoqués de plein droit, en cas de fraude ou contravention dûment constatée.

ART. 73.

La Régie devra également consentir dans les villes, avec les Conseils municipaux, lorsqu'ils en feront la demande, un abonnement genéral pour le montant des droits de détail et de circulation dans l'intérieur, moyennant que la commune s'engage à verser dans les caisses de la Régie, par vingt-quatrième, de quinzaine en quinzaine, la somme convenue pour l'abonnement, sauf à elle à s'imposer sur elle-même pour le recouvrement de cette somme, comme elle est autorisée à le faire pour les dépenses communales.

ART. 74.

Ces abonnemens, discutés entre les Directeurs de la Régie ou leurs délégués et les Conseils municipaux, n'auront d'exécution qu'après qu'ils auront été approuvés par le Ministre des finances, sur l'avis du Préfet et le rapport du Directeur général des contributions indirectes. Ils ne seront conclus que pour une année, et seront révocables.

de plein droit, en cas de non-paiement d'un des termes à l'époque fixée.

ART. 75.

La Régie poursuivra le recouvrement des sommes dues au Trésor en raison desdits abonnemens, par voie de contrainte sur le Receveur municipal, et par la saisie des deniers et revenus de la commune.

ART. 76.

Dans les villes où ces abonnemens seront accordés, tout exercice chez les débitans sera supprimé, et la circulation des boissons dans l'intérieur affranchie de toute formalité.

ART. 77.

Sur la demande des deux tiers au moins des débitans d'une commune, approuvée en Conseil municipal, et notifiée par le Maire, la Régie devra consentir pour une année, et sauf renouvellement, à remplacer la perception du droit de détail par exercice, au moyen d'une répartition, sur la totalité des redevables, de l'équivalent dudit droit.

ART. 78.

Ce mode de remplacement ne pourra être admis qu'autant qu'il offrira un produit égal à celui d'une année moyenne, calculée d'après trois années consécutives d'exercice. Il sera discuté entre les débitans ou leurs délégués et l'Employé supérieur de la Régie, en présence du Maire ou d'un membre du Conseil municipal, et pourra être exécuté provisoirement en vertu de l'autorisation du Préfet, donnée sur la proposition du Directeur de la Régie : il devra néanmoins être approuvé par le Ministre des finances, sur le rapport du Directeur général des contributions indirectes.

Lorsque la Régie ne sera pas d'accord avec lesdits débitans pour fixer l'équivalent du droit, le Préfet, en Conseil de préfecture, prononcera, sauf le recours au Conseil d'état, en prenant en consi-

dération les consommations des années précédentes
et les circonstances particulières qui peuvent influer
sur le débit de l'année pour laquelle l'abonnement
est requis.

ART. 79.

Lorsque ce remplacement sera adopté, les syndics
nommés par les débitans , sous la présidence du
Maire ou de son délégué , procéderont, en présence
de ce magistrat , à la répartition de la somme à
imposer entre tous les débitans alors existant dans
la commune. Les rôles arrêtés par les syndics, et
rendus exécutoires par le Maire , seront remis au
Receveur de la Régie , pour en poursuivre le recouvrement.

ART. 80.

Les débitans ainsi abonnés seront solidaires pour
le paiement des sommes portées aux rôles. En con-
séquence, aucun nouveau débitant ne pourra s'établir
dans la commune , pendant la durée de l'abonnement , s'il ne remplace un autre débitant compris
dans la répartition.

ART. 81.

Les sommes portées aux rôles seront exigibles
par douzième de mois en mois , d'avance , et par
voie de contrainte. A défaut de paiement d'un terme
échu , les redevables dûment mis en demeure , le
Directeur de la Régie sera autorisé à faire prononcer,
par le Préfet , la révocation de l'abonnement , et à
faire rétablir immédiatement la perception par exercices , sans préjudice des poursuites à exercer pour
raison des sommes exigibles.

ART. 82.

Les Employés de la Régie constateront par procès-
verbal, à la requête des débitans ou de leurs syndics,
toute vente en détail de boissons opérée dans la
commune abonnée par des personnes non comprises
dans la répartition. Les poursuites seront exercées

par les syndics , et les condamnations prononcées
au profit de la masse des débitans.

ART. 83.

Les débitans ainsi abonnés , ou leurs syndics ,
pourront concéder à des personnes non comprises
aux rôles de répartition , le droit de vendre en
détail des boissons lors des foires et assemblées.

ART. 84.

Les sommes à recouvrer en exécution des deux
articles précédens, seront perçues par le Receveur
de la Régie , et imputées à tous les débitans de
la commune , au marc le franc de leur cote.

§. IV.

*Des Propriétaires vendant en détail les Boissons
de leur cru.*

ART. 85.

Les propriétaires qui voudront vendre les boissons
de leur cru en détail , jouiront d'une remise de 25
pour 100 sur les droits qu'ils auront à payer. Ils
devront , dans la déclaration préalable à laquelle
ils seront tenus comme tous les autres débitans ,
indiquer la quantité de boissons de leur cru qu'ils
auront en leur possession , et celle dont ils enten-
dront faire la vente en détail , et se soumettre en
outre à ne vendre aucune boisson autre que celles
de leur cru. Ils devront faire cette vente par eux-
mêmes , ou par des domestiques à leurs gages ,
dans des maisons à eux appartenant, ou qu'ils auront louées par bail authentique.

ART. 86.

Ils ne pourront fournir aux buveurs que les
boissons déclarées avec des bancs et tables, et seront
libres d'établir leur vente en détail sur des vaisseaux
d'une contenance supérieure à cinq hectolitres. Ils
seront d'ailleurs assujettis à toutes les obligations
imposées aux débitans de profession : néanmoins ,

les visites et exercices des Commis n'auront pas lieu
dans l'intérieur de leur domicile, pourvu que le
local où leurs boissons seront vendues en détail en
soit séparé.

§. V.

Du Droit général de consommation sur l'Eau-de-vie.

ART. 87.

Un droit général de consommation, égal à celui
fixé pour la vente en détail par l'article 47, sera
perçu sur toute quantité d'eau-de-vie, d'esprit, ou
de liqueur composée d'eau-de-vie ou d'esprit, qui
sera adressée à une personne autre que celles assujetties aux exercices des employés de la Régie.

Ce droit ne sera pas dû sur les eaux-de-vie,
esprits et liqueurs qui seront exportés à l'étranger.

ART. 88.

Le droit général de consommation sera perçu
d'après le prix courant de la vente en détail au
lieu de destination. Il sera payé à l'arrivée des
boissons, et avant la décharge de l'acquit-à-caution;
il pourra néanmoins être acquitté au lieu de l'enlèvement par les expéditeurs, lesquels, dans ce
cas, seront tenus seulement, pour opérer le transport, de se munir d'un congé, au lieu d'un acquit-
à-caution.

ART. 89.

Tout marchand en gros d'eau-de-vie, esprit et
liqueur, acquittera le droit de consommation sur
les quantités de ces boissons qui manqueront à ses
charges, après la déduction fixée par l'article 103.
La même obligation est imposée à tout débitant qui
cessera son commerce, pour les quantités d'eaux-
de-vie, esprits et liqueurs qu'il conservera.

ART. 90.

Le droit de consommation ne sera point exigé
des personnes non soumises aux exercices, en cas

de transport d'eaux-de-vie , d'esprits ou de liqueurs de l'une de leurs maisons dans une autre , ou dans un nouveau domicile , en justifiant toutefois aux Employés appelés à décharger les acquits-à-caution de leurs droits à cette exemption.

Les bouilleurs de cru qui feront transporter les produits de leur distillation dans des caves ou magasins séparés de la brûlerie , n'auront droit à la même exemption qu'en soumettant ces caves ou magasins aux exercices des Préposés de la Régie.

ART. 91.

Les eaux-de-vie versées sur les vins seront également affranchies du droit de consommation , pourvu que la quantité employée n'excède pas un vingtième de la quantité de vin soumise à cette opération , qui ne pourra se faire qu'en présence des Employés de la Régie.

§. VI.

Remplacement du Droit de détail à Paris.

ART. 92.

Il n'y aura pas , dans l'intérieur de la ville de Paris , des exercices sur les boissons autres que les bières. Le droit de détail et celui d'entrée y seront remplacés au moyen d'une taxe unique aux entrées , fixée ainsi qu'il suit :

Par hectolitre de vin en cercles. . . . . . 10^f 50^c
Par hectolitre de vin en bouteilles. . . . 15. 00.
Par hectolitre de cidre et poiré. . . . . . 5. 00.
Par hectolitre d'eau-de-vie simple au-dessous de 22 degrés. . . . . 88. 00.
Par hectolitre d'eau-de-vie de 22 degrés jusqu'à 28 exclusivement. . . . . 36. 00.
Par hectolitre d'esprit à 28 degrés et au-dessus, d'eau-de-vie de toute espèce en bouteilles, et de liqueurs composées d'eau-de-vie ou d'esprit , tant en cercles qu'en bouteilles. 60. 00.

ART. 93.

Les dispositions du chapitre II, et les peines y prononcées en cas de contravention, sont applicables à la taxe établie par l'article précédent.

§. VII.

Dispositions générales applicables au présent chapitre.

ART. 94.

Les boissons trouvées en la possession de personnes vendant en détail sans déclaration, ainsi que celles à l'égard desquelles des contraventions seront constatées chez les débitans, seront saisies par les Employés de la Régie.

ART. 95.

Les personnes convaincues de faire le commerce des boissons en détail sans déclaration préalable ou après déclaration de cesser, seront punies d'une amende de 300 francs à 1000 francs, et de la confiscation des boissons saisies. Les contrevenans pourront néanmoins obtenir la restitution desdites boissons, en payant une somme de 1000 francs, indépendamment de l'amende prononcée par le tribunal.

ART. 96.

Les autres contraventions aux dispositions du présent chapitre seront punies de la confiscation des objets saisis, et d'une amende qui, pour la première fois, ne pourra être moindre de 50 francs, ni supérieure à 300 francs, et qui sera toujours de 500 francs en cas de récidive.

CHAPITRE IV.

Des Marchands en gros.

ART. 97.

Les négocians, les marchands en gros, courtiers,

facteurs , commissionnaires , commissionnaires de roulage , dépositaires , distillateurs , bouilleurs de profession , et autres , qui voudront faire le commerce des boissons en gros (qu'ils soient ou non entrepositaires , s'ils habitent un lieu sujet aux entrées) , seront tenus de déclarer les quantités , espèces et qualités des boissons qu'ils possèdent, tant dans le lieu de leur domicile qu'ailleurs.

ART. 98.

Sera considéré comme marchand en gros , tout particulier qui recevra ou expédiera , soit pour son compte, soit pour le compte d'autrui, des boissons , soit en futailles d'un hectolitre au moins , ou en plusieurs futailles qui , réunies , contiendraient plus d'un hectolitre , soit en caisses et paniers de vingt-cinq bouteilles et au-dessus.

ART. 99.

Ne seront pas considérés comme marchands en gros , les particuliers recevant accidentellement une pièce , une caisse ou un panier de vin pour le partager avec d'autres personnes , pourvu que, dans sa déclaration , l'expéditeur ait énoncé , outre le nom et le domicile du destinataire , ceux des co-partageans et la quantité destinée à chacun d'eux.

La même exception sera applicable aux personnes qui , dans le cas de changement de domicile , vendront les boissons qu'elles auront reçues pour leur consommation.

Elle le sera également aux personnes qui vendraient , immédiatement après le décès de celle à qui elles auraient succédé , les boissons dépendant de sa succession et provenant de sa récolte ou de ses provisions , pourvu qu'elle ne fût ni marchand en gros , ni débitant, ni fabricant de boissons.

ART. 100.

Les dénommés en l'article 97 pourront transvaser , mélanger et couper leurs boissons hors la présence des Employés : les pièces ne seront pas marquées à l'arrivée ; seulement il sera tenu , pour les boissons en leur possession , un compte d'entrée et de sortie dont les charges seront établies d'après les congés, acquits-à-caution ou passavans qu'ils seront tenus de représenter, sous peine de saisie, et les décharges d'après les quittances du droit de circulation.

Les eaux-de-vie et esprits seront suivis par degrés. Les charges seront accrues , lors du réglement du compte , en proportion de l'affaiblissement du degré des quantités expédiées ou restant en magasin.

ART. 101.

Les Employés pourront faire , à la fin de chaque trimestre , les vérifications nécessaires , à l'effet de constater les quantités de boissons restant en magasin , et le degré des eaux-de-vie et esprits.

Indépendamment de ces vérifications, ils pourront également faire , dans le cours du trimestre , toutes celles qui seront nécessaires pour connaître si les boissons reçues ou expédiées ont été soumises au droit de circulation ou aux autres droits dont elles pourraient être passibles.

Ces vérifications n'auront lieu que dans les magasins , caves et celliers , et seulement depuis le lever jusqu'au coucher du soleil.

ART. 102.

Les dénommés en l'article 97 pourront faire accidentellement des ventes de boissons en quantités inférieures à celles fixées par l'article 98 : ils seront tenus de payer le droit de détail pour ces ventes, lorsque la quantité expédiée ne formera pas un hectolitre , si elle est en une ou plusieurs futailles , ou vingt-cinq litres, si elle est en bouteilles. Les vins, eaux-de-vie et liqueurs en bouteilles , expédiés en quantités de vingt-cinq litres et au-dessus , devront être contenus dans des caisses ou paniers fermés et emballés , suivant les usages du commerce.

ART. 103.

Il sera accordé aux marchands en gros , pour

ouillage, coulage et affaiblissement de degrés, une déduction de 5 pour 100 par an sur les eaux-de-vie au-dessous de vingt-huit degrés, et de 6 pour 100 sur les eaux-de-vie rectifiées et esprit de vingt-huit degrés et au-dessus, et de 6 pour 100 sur les cidres et poirés.

Le décompte de cette déduction sera fait, à la fin de chaque trimestre, en raison de la durée du séjour des eaux-de-vie, cidres et poirés en magasin.

La déduction sur les vins sera de 6 pour 100, divisés par portions égales sur les trimestres d'octobre et de janvier, pour les vins nouveaux entrés pendant ces deux trimestres, et d'un pour cent pour chacun de ceux d'avril et de juillet sur les vins existant lors de ces deux trimestres.

La Régie pourra accorder une plus forte déduction pour les vins qui éprouvent un déchet supérieur à la remise ci-dessus fixée.

ART. 104.

Les marchands en gros seront tenus de payer un droit égal à celui de détail, d'après le prix courant du lieu de leur résidence, sur les quantités de boissons qui seront reconnues manquer à leurs charges, après la déduction accordée pour coulage et ouillage.

ART. 105.

Nul ne pourra faire une déclaration de cesser le commerce en gros de boisson, tant qu'il conservera en sa possession des boissons qu'il aura reçues en raison de ce commerce, excepté, toutefois, lorsque la quantité n'excédera pas celle reconnue nécessaire pour sa propre consommation.

ART. 106.

Toute personne qui fera le commerce des boissons en gros sans déclaration préalable, ou après une déclaration de cesser, ou qui, ayant fait une déclaration de marchand en gros, exercera réellement le commerce des boissons en détail, sera punie

d'une amende de 500 à 2000 francs, sans préjudice de la saisie et de la confiscation des boissons
en sa possession. Elle pourra en obtenir la main-levée
en payant une somme de 2000 francs, indépen—
damment de l'amende prononcée par le tribunal.

Toute autre contravention aux dispositions du
présent chapitre, sera punie de la confiscation des
objets saisis, et d'une amende qui ne pourra être
moindre de 50 francs, ni supérieure à 300 francs.
En cas de récidive, cette amende sera toujours de
500 francs.

ART. 167.

Les personnes qui tiennent des cafés, des au-
berges, des débits de boissons, et en général des
établissemens où le public est admis, s'ils permettent
que l'on se serve chez eux de cartes prohibées,
lors même qu'elles auraient été apportées par les
joueurs, sont passibles d'une amende de 1000 à
3000 francs, et d'un mois d'emprisonnement. En
cas de récidive, l'amende sera toujours de 3000
francs.

Droit de Licence.

ART. 171.

Les personnes dénommées au tarif ci-annexé sous
le n.° 4, ne pourront commencer le débit qu'après
avoir obtenu une licence qui ne sera valable que
pour un seul établissement, et pour l'année où elle
aura été délivrée.

Il sera payé comptant, pour droit de licence,
la somme fixée audit tarif, à quelque époque de
l'année que soit faite la déclaration.

Toute contravention relative au droit de licence
sera punie d'une amende de 300 francs, laquelle,
en cas de fraude, sera augmentée du quadruple
des droits fraudés.

ART. 232.

Le décime par franc pour contribution de guerre

est maintenue sur ceux des droits désignés, établis ou conservés par la présente loi, qui en sont passibles. Il sera également perçu en sus des droits établis par les titres I.er, III et IV de la présente loi.

ART. 233.

La Régie des contributions indirectes établira un bureau dans toutes les communes où il sera présenté un habitant solvable qui puisse remplir les fonctions de buraliste.

ART. 234.

Les Buralistes tiendront leur bureau ouvert au public depuis le lever jusqu'au coucher du soleil, les jours ouvrables seulement.

ART. 235.

Les visites et exercices que les Employés sont autorisés à faire chez les rédevables, ne pourront avoir lieu que pendant le jour : cependant ils pourront aussi être faits la nuit dans les brasseries, distilleries, lorsqu'il résultera des déclarations que ces établissemens sont en activité ; et chez les débitans de boissons, pendant tout le temps que les lieux de débit seront ouverts au public.

ART. 236.

Les visites et vérifications que les Employés sont autorisés à faire pendant le jour seulement, ne pourront avoir lieu que dans les intervalles de temps déterminés par l'article 26 de la présente loi.

ART. 237.

En cas de soupçon de fraude à l'égard des particuliers non sujets à l'exercice, les Employés pourront faire des visites dans l'intérieur de leurs habitations, en se faisant assister du Juge de paix, du Maire, de son Adjoint, ou du Commissaire de police, lesquels seront tenus de déférer à la réquisition qui leur en sera faite ; et qui sera transcrite

3

en tête du procès-verbal. Ces visites ne pourront avoir lieu que d'après l'ordre d'un Employé supérieur, du grade de Contrôleur au moins, qui rendra compte des motifs au Directeur du département.

Les marchandises transportées en fraude, qui, au moment d'être saisies, seraient introduites dans une habitation pour les soustraire aux Employés, pourront y être suivies par eux, sans qu'ils soient tenus, dans ce cas, d'observer les formalités ci-dessus prescrites.

ART. 238.

Les rebellions ou voies de faits contre les Employés seront poursuivies devant les tribunaux qui ordonneront l'application des peines prononcées par le Code pénal, indépendamment des amendes et confiscations qui pourraient être encourues par les contrevenans.

Quand les rebellions ou voies de faits auront été commises par un débitant de boissons, le tribunal ordonnera, en outre, la clôture du débit pendant un délai de trois mois au moins, et de six mois au plus.

ART. 239.

A défaut de paiement des droits, il sera décerné contre les redevables des contraintes qui seront exécutoires, nonobstant opposition et sans y préjudicier.

ART. 240.

Les Employés n'auront aucun droit au partage du produit net des amendes et confiscations ; un tiers de ce produit appartiendra à la caisse des retraites, les deux autres tiers feront partie des recettes ordinaires de la Régie ; le tout conformément aux dispositions de l'article 137 de la loi du 8 décembre 1814, sur les boissons.

Néanmoins les Employés saisissans auront droit au partage du produit net des amendes et confis-

cations prononcées par suite de fraudes et contraventions relatives aux octrois, aux tabacs et cartes.

A Paris, et dans les villes où l'abonnement général, autorisé par l'article 73, sera consenti, les
communes disposeront, relativement aux saisies faites
aux entrées par les Préposés de l'octroi, du tiers
affecté ci-dessus à la caisse des Retraites de la
Régie.

ART. 241.

Les registres portatifs tenus par les Employés de
la Régie seront cotés et paraphés par les Juges de
paix : les registres de perception ou de déclaration,
et tous autres pouvant servir à établir les droits du
Trésor et ceux des redevables, seront cotés et paraphés, dans chaque arrondissement de sous-pré-
fecture, par un des fonctionnaires publics que les
Sous-Préfets désigneront à cet effet.

ART. 242.

Les actes inscrits par les Employés, dans le cours
de leurs exercices, sur leurs registres portatifs, auront foi en justice jusqu'à inscription de faux.

ART. 243.

Les expéditions et quittances délivrées par les
Employés seront marquées d'un timbre spécial dont
le prix est fixé à dix centimes.

ART. 244.

Les Préposés ou Employés de la Régie prévenus
de crimes ou délits commis dans l'exercice de leurs
fonctions, seront poursuivis et traduits, dans les
formes communes à tous les citoyens, devant les
tribunaux compétens, sans autorisation préalable de
la Régie : seulement le juge instructeur, lorsqu'il
aura décerné un mandat d'arrêt, sera tenu d'en
informer le Directeur des impositions indirectes du
département de l'Employé poursuivi ; le tout conformément aux dispositions de la loi du 8 décembre
1814, article 144.

Art. 245.

Les autorités civiles et militaires , et la force publique , prêteront aide et assistance aux Employés pour l'exercice de leurs fonctions , toutes les fois qu'elles en seront requises.

Art. 246.

, Une loi spéciale déterminera le mode de procéder relativement aux instances qui concernent la perception des contributions indirectes.

Art. 247.

Aucunes instructions , soit du Ministre , soit du Directeur général , ou de la Régie des impositions indirectes , soit d'aucuns des Préposés , ne pourront, sous quelque prétexte que ce soit, annuller , étendre, modifier ou forcer le vrai sens des dispositions de la présente loi.

Les tribunaux ne pourront prononcer de condamnations qui seraient fondées sur lesdites instructions, et qui ne résulteraient pas formellement de la présente loi.

Les contribuables de qui il aurait été exigé ou perçu quelques sommes au-delà du tarif , ou d'après les seules dispositions d'instructions ministérielles , pourront en réclamer la restitution.

Leur demande devra être formée dans les six mois ; elle sera instruite et jugée dans les formes qui sont observées en matière de domaine.

[N.° 1.] *TARIF du Droit à percevoir , par hectolitre , à la circulation des Boissons , en exécution de l'article 1.er de la présente Loi.*

	VINS			CIDRES ET POIRÉS.	Eaux-de-vie en cercles au-dessous de 22 degrés.	Eaux-de-vie en cercles de 22 degrés jusqu'à 28 degrés exclusiv.t	Eaux-de-vie et esprits de 28 degrés et au-dessus.	Eaux-de-vie et esprits de toute espèce en bouteilles, liqueurs composées d'eau-de-vie ou d'esprit, tant en cercles qu'en bouteilles, et fruits à l'eau-de-vie.
	EN CERCLES.		En bouteilles.					
	Enlevés pour un lieu situé dans le même département ou dans un département limitrophe	Enlevés pour un lieu situé au-delà des départemens limitrophes.						
Dans les départemens de 1.re classe.	0f 40c	0f 60c	5f 00c	0f 20c	1f 80c	2f 50c	3f 20c	8f 00c
———— de 2.e classe.	0. 50.	0. 75.						
———— de 3.e classe.	0. 60.	0. 90.						
———— de 4.e classe.	1. 00.	1. 20.						

... les boissons dans les villes et communes de 2000 âmes de population agglomérée et au-dessus, en exécution de l'article 20 de la présente Loi.

POPULATION des COMMUNES.	PAR HECTOLITRE DE VIN EN CERCLES.				Par hectolitre de vin en bou-teilles ou de vin de liqueur, tant en cercles qu'en bouteilles	Par hectolitre de cidre et poiré.	Par hectolitre d'eau-de-vie en cercles au-dessous de 22 degrés.	Par hectolitre d'eau-de-vie en cercles de 22 degrés jusqu'à 28 degrés exclusivement.	Par hectolitre d'eau-de-vie rectifiée à 28 degrés et au-dessus, d'eau-de-vie de toute espèce en bouteilles, de liqueurs compo-sées d'eau-de-vie et d'esprit, tant en cercles qu'en bou-teilles, et de fruits à l'eau-de-vie.
	dans les départemens de 1.re classe.	dans les départemens de 2.e classe.	dans les départemens de 3.e classe.	dans les départemens de 4.e classe.					
De 2000 à 4000 âmes.	0f 55c	0f 70c	0f 85c	1. 00.	1f 15c	0f 35c	1f 40c	2f 10c	2f 80c
De 4000 à 6000 ...	0. 85.	1. 00.	1. 15.	1. 30.	1. 70.	0. 45.	2. 10.	3. 15.	4. 20.
De 6000 à 10000 ..	1. 15.	1. 35.	1. 55.	1. 75.	2. 25.	0. 65.	2. 50.	3. 80.	5. 10.
De 10000 à 15000 ..	1. 40.	1. 70.	2. 00.	2. 25.	2. 80.	0. 85.	3. 40.	5. 10.	6 80.
De 15000 à 20000 ..	2. 00.	2. 25.	2. 45.	2. 80.	4. 00.	1. 15.	4. 90.	7. 35.	9. 80.
De 20000 à 30000 ..	2. 80.	3. 10.	3. 40.	3. 80.	5. 69.	1. 55.	7. 00.	10.50.	14. 00.
De 30000 à 50000 ...	3. 70.	4. 10.	4. 50.	5. 10.	7. 30.	2. 10.	9. 30.	13. 90.	18. 60
De 50000 et au-dessus	4. 60.	5. 10.	5. 60.	6. 30.	9. 30.	2. 80.	11. 80.	17.60.	23. 60.

[N.º 3]. *TABLEAU des Départemens du Royaume divisés en quatre classes, pour la perception des Droits de circulation et d'entrée sur les boissons.*

1.re CLASSE.	II.e CLASSE.	III.e CLASSE.	IV.e CLASSE.
Var.	Drôme.	Jura.	Nord.
Alpes (Basses).	Ardèche.	Doubs.	Pas-de-Calais.
Vaucluse.	Alpes (Hautes).	Saône (Haute).	Somme.
Bouches-du-Rhône	Isère.	Saône-et-Loire.	Ardennes.
Gard.	Puy-de-Dôme.	Rhône.	Seine-inférieure.
Hérault.	Allier.	Loire.	Calvados.
Aude.	Nièvre.	Sarthe.	Orne.
Pyrénées-orient.	Cher.	Morbihan.	Manche.
Tarn.	Indre.	Seine.	Mayenne.
Garonne (Haute).	Vienne.	Seine-et-Oise.	Ille-et-Vilaine.
Ariége.	Sèvres (Deux).	Seine-et-Marne.	Côtes-du-Nord.
Lot.	Vendée.	Eure-et-Loir.	Finistère.
Tarn-et-Garonne.	Loire-inférieure.	Creuse.	
Gers.	Maine-et-Loire.	Vienne (Haute).	
Pyrénées (Hautes).	Indre-et-Loire.	Corrèze.	
Dordogne.	Loir-et-Cher.	Cantal.	
Lot-et-Garonne.	Loiret.	Loire (Haute).	
Charente-Infér.	Yonne.	Lozère.	
Charente.	Côte-d'Or.	Rhin (Bas).	
Gironde.	Ain.	Rhin (Haut).	
Landes.	Aube.	Vosges.	
Pyrénées (Basses).	Marne (Haute).	Eure.	
Aveyron.	Marne.	Oise.	
	Meuse.	Aisne.	
	Moselle.		
	Meurthe.		

[N.º 4]. *TARIF des Droits de licence à percevoir en exécution l'article* 171 *de la présente Loi.*

PROFESSIONS.	DÉSIGNATION DES LIEUX.	PRIX de LA LICENCE.
DÉBITANS de boissons. . . .	Dans les communes au-dessous de 4,000 âmes.	6ᶠ
	Dans celles de 4 à 6,000 âmes.	8.
	Dans celles de 6 à 10,000 âmes	10.
	Dans celles de 10 à 15,000 âmes.	12.
	Dans celles de 15 à 20,000 âmes.	14.
	Dans celles de 20 à 30,000 âmes.	16.
	Dans celles de 30 à 50,000 âmes.	18.
	Dans celles de 50,000 âmes et au-dessus (Paris excepté.)	20.
BRASSEURS. . . .	Dans les départemens de l'Aisne, des Ardennes, du Nord, du Pas-de-Calais, du Bas-Rhin, de la Seine et de la Somme.	50.
	Dans les départemens du Calvados, de la Côte-d'Or, du Doubs, du Finistère, de la Gironde, d'Ille-et-Vilaine, de la Marne, de de la Meurthe, de la Meuse, de la Moselle, du Haut-Rhin, du Rhône, de la Seine-Inférieure, de Seine-et-Marne, de Seine-et-Oise et des Vosges.	30.
	Dans les autres départemens.	20.
BOUILLEURS et DISTILLATEURS.	Dans tous les lieux.	10.
MARCHANDS en gros de boissons.	Dans tous les lieux.	50.
FABRICANS de cartes.	Dans tous les lieux.	50.

TABLEAU

DU DROIT A LA VENTE EN DÉTAIL;

Calculé depuis un litre jusqu'à cent hectolitres, et depuis cinq centimes jusqu'à cinquante centimes le litre.

A 5 CENTIMES LE LITRE.

Litres.	Valeur.		15 pour 100			Déduction du 3 p. 100.			Net.			Décime.			Total.			Hectolitres.
	fr.	c.	fr.	c.	m.	fr.	c.	m.	fr.	c.	m.	fr.	c.	m.	fr.	c.	m.	
1	»	05	»	»	75	»	»	02	»	»	73	»	»	8	»	00	8	1
2	»	10	»	01	50	»	»	04	»	01	46	»	»	15	»	01	6	2
3	»	15	»	02	25	»	»	06	»	02	19	»	»	22	»	02	4	3
4	»	20	»	03	»	»	»	09	»	02	91	»	»	30	»	03	2	
5	»	25	»	03	75	»	»	11	»	03	64	»	»	37	»	04	0	
6	»	30	»	04	50	»	»	13	»	04	37	»	»	44	»	04	8	
7	»	35	»	05	25	»	»	15	»	05	10	»	»	51	»	05	6	
8	»	40	»	06	»	»	»	18	»	05	82	»	»	59	»	06	4	
9	»	45	»	06	75	»	»	20	»	06	55	»	»	66	»	07	2	
10	1	50	»	07	50	»	»	22	»	07	28	»	»	73	»	08	0	
20	1	»	»	15	00	»	»	45	»	14	55	»	01	46	»	16	0	
30	1	50	»	22	50	»	»	67	»	21	83	»	02	19	»	24	02	
40	2	»	»	30	»	»	»	90	»	29	10	»	02	91	»	32	01	
50	2	50	»	37	50	»	01	12	»	36	38	»	03	64	»	40	02	
60	3	»	»	45	»	»	01	35	»	43	65	»	04	37	»	48	02	
70	3	50	»	52	50	»	01	57	»	50	93	»	05	10	»	56	03	
80	4	»	»	60	»	»	01	80	»	58	20	»	05	82	»	64	02	
90	4	50	»	67	50	»	02	02	»	65	48	»	06	55	»	72	03	
100	5	»	»	75	»	»	02	25	»	72	75	»	07	28	»	80	03	

OU A 5 FRANCS L'HECTOLITRE.

...tal.		Hectolitres.	Valeur.		15 p. 100		Déduction du 3 p. 100.		Net.		Décime.		Total.	
			fr.	c.	fr.	c.	fr.	c.	fr.	c	fr.	c.	fr.	c.
0	8	1	5	»	»	75	»	02	»	73	»	8	»	81
1	6	2	10	»	1	50	»	04	1	46	»	15	1	61
2	4	3	15	»	2	25	»	06	2	19	»	22	2	41
3	2	4	20	»	3	»	»	09	2	91	»	30	3	21
4	0	5	25	»	3	75	»	11	3	64	»	37	4	01
4	8	6	30	»	4	50	»	13	4	37	»	44	4	81
5	6	7	35	»	5	25	»	15	5	10	»	51	5	61
5	4	8	40	»	6	00	»	18	5	82	»	59	6	41
[illegible]	2	9	45	»	6	75	»	20	6	55	»	66	7	21
[illegible]	0	10	50	»	7	50	»	22	7	28	»	73	8	01
[illegible]	0	20	100	»	15	00	»	45	14	55	1	46	16	01
[illegible]	02	30	150	»	22	50	»	67	21	83	2	19	24	02
[illegible]	01	40	200	»	30	»	»	90	29	10	2	91	32	01
[illegible]	2	50	250	»	37	50	1	12	36	38	3	64	40	02
[illegible]	2	60	300	»	45	»	1	35	43	65	4	37	48	02
[illegible]	[illegible]	70	350	»	52	50	1	57	50	93	5	10	56	03
[illegible]	[illegible]	80	400	»	60	»	1	80	58	20	5	82	64	02
[illegible]	[illegible]	90	450	»	67	50	2	02	65	48	6	55	72	03
[illegible]	[illegible]	100	500	»	75	»	2	25	72	75	7	28	80	03

A 10 CENTIMES LE LITRE.

Litres.	Valeur.		15 p. 100. (Droits de détail)			Déduction du 3 p. 100.			Net.			Décime.			Total.			Hectolitres.
	fr.	c.	fr.	c.	m.	fr.	c.	m.	fr.	c.	m.	fr.	c.	m.	fr.	c.	m.	
1	»	10	»	1	50	»	»	04	»	01	46	»	»	15	»	1	6	1
2	»	20	»	03	»	»	»	09	»	02	91	»	»	30	»	3	2	2
3	»	30	»	04	50	»	»	13	»	04	37	»	»	44	»	4	8	3
4	»	40	»	06	»	»	»	18	»	05	82	»	»	59	»	6	4	4
5	»	50	»	07	50	»	»	22	»	07	28	»	»	73	»	8	0	5
6	»	60	»	09	»	»	»	27	»	08	73	»	»	88	»	9	6	6
7	»	70	»	10	50	»	»	31	»	10	19	»	1	02	»	11	2	7
8	»	80	»	12	»	»	»	36	»	11	64	»	1	17	»	12	8	8
9	»	90	»	13	50	»	»	40	»	13	10	»	1	31	»	14	4	9
10	1	»	»	15	»	»	»	45	»	14	55	»	1	46	»	16	0	1
20	2	»	»	30	»	»	»	90	»	29	10	»	2	91	»	32	0	
30	3	»	»	45	»	»	01	35	»	43	65	»	04	37	«	48	02	
40	4	»	»	60	»	»	01	80	»	58	20	»	05	82	»	64	02	
50	5	»	»	75	»	»	02	25	»	72	75	»	07	28	«	80	03	
60	6	»	»	90	»	»	02	70	»	87	30	»	08	73	»	96	03	
70	7	»	1	05	»	»	03	15	1	01	85	»	10	19	1	12	04	
80	8	»	1	20	»	»	03	60	1	16	40	»	11	64	1	28	04	
90	9	»	1	35	»	»	04	05	1	30	95	»	13	10	1	44	05	
100	10	»	1	50	»	»	04	50	1	45	50	»	14	55	1	60	05	

OU A 10 FRANCS L'HECTOLITRE.

Hectolitres.	Valeur.		DROITS DE DÉTAIL.								
			15 p. 100.		Déduction du 3 p. 100.		Net.		Décime.		Total.
	fr.	c.	fr.	c.	fr.	c.	fr.	c.	fr.	c.	fr.	c.
1	10	»	1	50	»	04	1	46	»	15	1	61
2	20	»	3	»	»	09	2	91	»	30	3	21
3	30	»	4	50	»	13	4	37	»	44	4	81
4	40	»	6	»	»	18	5	82	»	59	6	41
5	50	»	7	50	»	22	7	28	»	73	8	01
6	60	»	9	»	»	27	8	73	»	88	9	61
7	70	»	10	50	»	31	10	19	1	02	11	21
8	80	»	12	»	»	36	11	64	1	17	12	81
9	90	»	13	50	»	40	13	10	1	31	14	41
10	100	»	15	»	»	45	14	55	1	46	16	01
20	200	»	30	»	»	90	29	10	2	91	32	01
30	300	»	45	»	1	35	43	65	4	37	48	02
40	400	»	60	»	1	80	53	20	5	82	64	02
50	500	»	75	»	2	25	72	75	7	28	80	03
60	600	»	90	»	2	70	87	30	8	73	96	03
70	700	»	105	»	3	15	101	85	10	19	112	04
80	800	»	120	»	3	60	116	40	11	64	128	04
90	900	»	135	»	4	05	130	95	13	10	144	05
100	1000	»	150	»	4	50	145	50	14	55	160	05

A 15 CENTIMES LE LITRE.

Litres.	Valeur.		15 pour 100			Déduction du 3 p. 100.			Net.			Décime.			Total.		
	fr.	c.	fr.	c.	m.	fr.	c.	m.	fr.	c.	m.	fr.	c.	m.	fr.	c.	m.
1	»	15	»	02	25	»	»	06	»	02	19	»	»	23	»	2	4
2	»	30	»	04	50	»	»	13	»	04	37	»	»	44	»	4	8
3	»	45	»	06	75	»	»	20	»	06	55	»	»	66	»	7	2
4	»	60	»	09	»	»	»	27	»	08	73	»	»	88	»	9	6
5	»	75	»	11	25	»	»	33	»	10	92	»	1	10	»	12	0
6	»	90	»	13	50	»	»	40	»	13	10	»	1	31	»	14	4
7	1	05	»	15	75	»	»	47	»	15	28	»	1	53	»	16	8
8	1	20	»	18	»	»	»	54	»	17	46	»	1	75	»	19	2
9	1	35	»	20	25	»	»	60	»	19	65	»	1	97	»	21	6
10	1	58	»	22	50	»	»	67	»	21	83	»	2	19	»	24	0
20	3	»	»	45	»	»	01	35	»	43	65	»	4	37	»	48	0
30	4	50	»	67	50	»	02	02	»	65	48	»	6	55	»	72	0
40	6	»	»	90	»	»	02	70	»	87	30	»	8	73	»	96	0
50	7	50	1	12	50	»	03	37	1	09	13	»	10	92	1	20	0
60	9	»	1	35	»	»	04	05	1	30	95	»	13	10	1	44	0
70	10	50	1	57	50	»	04	72	1	52	78	»	15	28	1	68	0
80	12	»	1	80	»	»	05	40	1	74	60	»	17	46	1	92	0
90	13	50	2	02	50	»	06	07	1	96	43	»	19	65	2	16	0
100	15	»	2	25	»	»	06	75	2	18	25	»	21	83	2	40	0

OU A 15 FRANCS L'HECTOLITRE.

Hectolitres.	Valeur.		DROITS DE DÉTAIL.								
			15 p. 100		Déduction du 3 p. 100.		Net.		Décime.		Total.
	fr.	c.	fr.	c.	fr.	c.	fr.	c.	fr.	c.	fr.	c.
1	15	»	2	25	»	06	2	19	»	22	2	41
2	30	»	4	50	»	13	4	37	»	44	4	81
3	45	»	6	75	»	20	6	55	»	66	7	21
4	60	»	9	»	»	27	8	73	»	88	9	61
5	75	»	11	25	»	33	10	92	1	10	12	02
6	90	»	13	50	»	40	13	10	1	31	14	41
7	105	»	15	75	»	47	15	28	1	53	16	81
8	120	»	18	»	»	54	17	46	1	75	19	21
9	135	»	20	25	»	60	19	65	1	97	21	62
10	150	»	22	50	»	67	21	83	2	19	24	02
20	300	»	45	»	1	35	43	65	4	37	48	02
30	450	»	67	50	2	02	65	48	6	55	72	03
40	600	»	90	»	2	70	87	30	8	73	96	03
50	750	»	112	50	3	37	109	13	10	92	120	05
60	900	»	135	»	4	05	130	95	13	10	144	05
70	1050	»	157	50	4	72	152	78	15	28	168	06
80	1200	»	180	»	5	40	174	60	17	46	192	06
90	1350	»	202	50	6	07	196	43	19	65	216	08
100	1500	»	225	»	6	75	218	25	21	83	240	08

A 20 CENTIMES LE LITRE.

Litres.	Valeur.		DROITS DE DÉTAIL.														
			15 p. 100.			Déduction du 3 p. 100.			Net.			Décime.			Total.		
	fr.	c.	fr.	c.	m.	fr.	c.	m.	fr.	c.	m.	fr.	c.	m.	fr.	c.	m.
1	»	20	»	03	»	»	»	09	»	2	91	»	»	30	»	3	21
2	»	40	»	06	»	»	»	18	»	5	82	»	»	59	»	6	41
3	»	60	»	09	»	»	»	27	»	8	73	»	»	88	»	9	61
4	»	80	»	12	»	»	»	36	»	11	64	»	01	17	»	12	81
5	1	»	»	15	»	»	»	45	»	14	55	»	01	46	»	16	01
6	1	20	»	18	»	»	»	54	»	17	46	»	01	75	»	19	21
7	1	40	»	21	»	»	»	63	»	20	37	»	02	04	»	22	41
8	1	60	»	24	»	»	»	72	»	23	28	»	02	33	»	25	61
9	1	80	»	27	»	»	»	81	»	26	19	»	2	62	»	28	81
10	2	»	»	30	»	»	»	90	»	29	10	»	2	91	»	32	01
20	4	»	»	60	»	»	1	80	»	58	20	»	5	82	»	64	02
30	6	»	»	90	»	»	2	70	»	87	30	»	08	73	»	96	03
40	8	»	1	20	»	»	3	60	1	16	40	»	11	64	1	28	04
50	10	»	1	50	»	»	4	50	1	45	50	»	14	55	1	60	05
60	12	»	1	80	»	»	5	40	1	74	60	»	17	46	1	92	06
70	14	»	2	10	»	»	6	30	2	03	70	»	20	37	2	24	07
80	16	»	2	40	»	»	7	20	2	32	80	»	23	28	2	56	08
90	18	»	2	70	»	»	8	10	2	61	90	»	26	19	2	88	09
100	20	»	3	»	»	»	9	»	2	91	»	»	29	10	3	20	10

OU A 20 FRANCS L'HECTOLITRE.

Hectolitres.	Valeur.		DROITS DE DÉTAIL.									
			15 p. 100.		Déduction du 3 p. 100.		Net.		Décime.		Total.	
	fr.	c.	fr.	c.	fr.	c.	fr.	c.	fr.	c.	fr.	c.
1	20	»	3	»	»	9	2	91	»	3o	3	21
2	4o	»	6	»	»	18	5	82	»	59	6	41
3	6o	»	9	»	»	27	8	73	»	88	9	61
4	8o	»	12	»	»	36	11	64	1	17	12	81
5	100	»	15	»	»	45	14	55	1	46	16	o1
6	120	»	18	»	»	54	17	46	1	75	19	21
7	140	»	21	»	»	63	20	37	2	o4	22	41
8	160	»	24	»	»	72	23	28	2	33	25	61
9	180	»	27	»	»	81	26	19	2	62	28	81
10	200	»	3o	»	»	90	29	10	2	91	32	o1
20	400	»	6o	»	1	8o	58	20	5	82	64	o2
3o	6oo	»	9o	»	2	70	37	3o	8	73	96	o3
4o	8oo	»	120	»	3	6o	116	40	11	64	128	o4
5o	1000	»	15o	»	4	5o	145	5o	14	55	16o	o5
6o	1200	»	18o	»	5	40	174	6o	17	46	192	o6
7o	14oo	»	210	»	6	3o	2o3	70	20	37	224	o7
8o	16oo	»	240	»	7	20	232	80	23	28	256	o8
9o	18oo	»	270	»	8	10	261	90	26	19	288	o9
10o	2000	»	3oo	»	9	»	291	»	29	10	32o	10

A 25 CENTIMES LE LITRE.

Litres	Valeur		DROITS DE DÉTAIL. 15 pour 100			Déduction du 3 p. 100			Net.			Décime.			Total.		
	fr.	c.	fr.	c.	m.	fr.	c.	m.	fr.	c.	m.	fr.	c.	m.	fr.	c.	m.
1	»	25	»	03	75	»	»	11	»	3	64	»	»	37	»	4	01
2	»	50	»	07	50	»	»	22	»	7	28	»	»	73	»	8	01
3	»	75	»	11	25	»	»	33	»	10	92	»	1	10	»	12	02
4	1	»	»	15	»	»	»	45	»	14	55	»	1	46	»	16	01
5	1	25	»	18	75	»	»	56	»	18	19	»	1	82	»	20	01
6	1	50	»	22	50	»	»	67	»	21	83	»	2	19	»	24	02
7	1	75	»	26	25	»	»	78	»	25	47	»	2	55	»	28	02
8	2	»	»	30	»	»	»	90	»	29	10	»	2	91	»	32	01
9	2	25	»	33	75	»	1	01	»	32	74	»	3	28	»	36	02
10	2	50	»	37	50	»	1	12	»	36	38	»	3	64	»	40	02
20	5	»	»	75	»	»	2	25	»	72	75	»	7	28	»	80	03
30	7	50	1	12	50	»	3	37	1	09	13	»	10	92	1	20	05
40	10	»	1	50	»	»	4	50	1	45	50	»	14	55	1	60	05
50	12	50	1	87	50	»	5	62	1	81	88	»	18	19	2	00	07
60	15	»	2	25	»	»	6	75	2	18	25	»	21	83	2	40	08
70	17	50	2	62	50	»	7	87	2	54	63	»	25	47	2	80	10
80	20	»	3	»	»	»	9	»	2	91	»	»	29	10	3	20	10
90	22	50	3	37	50	»	10	12	3	27	38	»	32	74	3	60	12
100	25	»	3	75	»	»	11	25	3	63	75	»	36	38	4	00	13

OU A 25 FRANCS L'HECTOLITRE.

Hectolitres.	Valeur.		DROITS DE DÉTAIL.									
			15 p. 100		Déduction du 3 p. 100.		Net.		Décime.		Total.	
	fr.	c.	fr.	c.	fr.	c.	fr.	c.	fr.	c.	fr.	c.
1	25	»	3	75	»	11	3	64	»	37	4	01
2	50	»	7	50	»	22	7	28	»	73	8	01
3	75	»	11	25	»	33	10	92	1	10	12	02
4	100	»	15	»	»	45	14	55	1	46	16	01
5	125	»	18	75	»	56	18	19	1	82	20	01
6	150	»	22	50	»	67	21	83	2	19	24	02
7	175	»	26	25	»	78	25	47	2	55	28	02
8	200	»	30	»	»	90	29	10	2	91	32	01
9	225	»	33	75	1	01	32	74	3	28	36	02
10	250	»	37	50	1	12	36	38	3	64	40	02
20	500	»	75	»	2	25	72	75	7	28	80	0
30	750	»	112	50	3	37	109	13	10	92	120	05
40	1000	»	150	»	4	50	145	50	14	55	160	05
50	1250	»	187	50	5	62	181	88	18	19	200	07
60	1500	»	225	»	6	75	218	25	21	83	240	08
70	1750	»	262	50	7	87	254	63	25	47	280	10
80	2000	»	300	»	9	»	291	»	29	10	320	10
90	2250	»	337	50	10	12	327	38	32	74	360	12
100	2500	»	375	»	11	25	363	75	36	38	400	13

A 3o CENTIMES LE LITRE.

| Litres. | Valeur. | | DROITS DE DÉTAIL. | | | | | | | | | | | | | | |
| | | | 15 p. 100. | | | Déduction du 3 p. 100. | | | Net. | | | Décime. | | | Total. | | |
	fr.	c.	fr.	c.	m.	fr.	c.	m.	fr.	c.	m.	fr.	c.	m.	fr.	c.	m.
1	»	3o	»	04	5o	»	»	13	»	4	37	»	»	44	»	4	81
2	»	6o	»	09	»	»	»	27	»	8	73	»	»	88	»	9	61
3	»	90	»	13	5o	»	»	4o	»	13	10	»	1	31	»	14	44
4	1	20	»	18	»	»	»	54	»	17	46	»	1	73	»	19	21
5	1	5o	»	22	5o	»	»	67	»	21	83	»	2	19	»	24	02
6	1	8o	»	27	»	»	»	81	»	26	19	»	2	62	»	28	81
7	2	10	»	3x	5o	»	»	94	»	3o	56	»	3	06	»	33	61
8	2	4o	»	36	»	»	1	08	»	34	92	»	3	5o	»	38	42
9	2	7o	»	4o	5o	»	1	21	»	39	29	»	3	93	»	43	21
10	3	»	»	45	»	»	1	35	»	43	65	»	4	37	»	48	02
20	6	»	»	90	»	»	2	70	»	87	3o	»	8	73	»	96	03
3o	9	»	1	35	»	»	4	05	1	3o	95	»	13	10	1	44	05
4o	12	»	1	8o	»	»	5	4o	1	74	60	»	17	46	1	92	06
5o	15	»	2	25	»	»	6	75	2	18	25	»	21	83	2	4o	08
6o	18	»	2	7o	»	»	8	10	2	61	90	»	26	19	2	88	09
7o	21	»	3	15	»	»	9	45	3	o5	55	»	3o	56	3	36	11
8o	24	»	3	6o	»	»	10	8o	3	49	20	»	34	92	3	84	12
9o	27	»	4	o5	»	»	12	15	3	92	85	»	39	29	4	32	14
100	3o	»	4	5o	»	»	13	5o	4	36	5o	»	43	65	4	8o	15

OU A 30 FRANCS L'HECTOLITRE.

Hectolitres.	Valeur.		DROITS DE DÉTAIL.									
			15 p. 100.		Déduction du 3 p. 100.		Net.		Décime.		Total.	
	fr.	c.	fr.	c.	fr.	c.	fr.	c.	fr.	c.	fr.	c.
1	30	»	4	50	»	13	4	37	»	44	4	81
2	60	»	9	»	»	27	8	73	»	88	9	61
3	90	»	13	50	»	40	13	10	1	31	14	41
4	120	»	18	»	»	54	17	46	1	75	19	21
5	150	»	22	50	»	67	21	83	2	19	24	02
6	180	»	27	»	»	81	26	19	2	62	28	81
7	210	»	31	50	»	94	30	56	3	06	33	62
8	240	»	36	»	1	08	34	92	3	50	38	42
9	270	»	40	50	1	21	39	29	3	93	43	22
10	300	»	45	»	1	35	43	65	4	37	48	02
20	600	»	90	»	2	70	87	30	8	73	96	03
30	900	»	135	»	4	05	130	95	13	10	144	05
40	1200	»	180	»	5	40	174	60	17	46	192	06
50	1500	»	225	»	6	75	218	25	21	83	240	08
60	1800	»	270	»	8	10	261	90	26	19	288	09
70	2100	»	315	»	9	45	305	55	30	56	336	11
80	2400	»	360	»	10	80	349	20	34	92	384	12
90	2700	»	405	»	12	15	392	85	39	29	432	14
100	3000	»	450	»	13	50	436	50	43	65	480	15

d

A 35 CENTIMES LE LITRE.

Litres.	Valeur.		DROITS DE DÉTAIL.														
			15 pour 100.			Déduction du 3 p. 100.			Net.			Décime.			Total.		
	fr.	c.	fr.	c.	m.	fr.	c.	m.	fr.	c.	m.	fr.	c.	m.	fr.	c.	m.
1	»	35	»	05	25	»	»	15	»	05	10	»	»	51	»	05	6
2	»	70	»	10	50	»	»	31	»	10	19	»	1	02	»	11	2
3	1	05	»	15	75	»	»	47	»	15	28	»	1	53	»	16	8
4	1	40	»	21	»	»	»	63	»	20	37	»	2	04	»	22	4
5	1	75	»	26	25	»	»	78	»	25	47	»	2	55	»	28	0
6	2	10	»	31	50	»	»	94	»	30	56	»	3	06	»	33	6
7	2	45	»	36	75	»	01	10	»	35	65	»	3	57	»	39	2
8	2	80	»	42	»	»	01	26	»	40	74	»	4	08	»	44	8
9	3	15	»	47	25	»	01	41	»	45	84	»	4	59	»	50	4
10	3	50	»	52	50	»	01	57	»	50	93	»	5	10	»	56	0
20	7	»	1	05	»	»	03	15	1	01	85	»	10	19	1	12	0
30	10	50	1	57	50	»	04	72	1	52	78	»	15	28	1	68	0
40	14	»	2	10	»	»	06	30	2	03	70	»	20	37	2	24	0
50	17	50	2	62	50	»	07	87	2	54	63	»	25	47	2	80	1
60	21	»	3	15	»	»	09	45	3	05	55	»	30	56	3	36	1
70	24	50	3	67	50	»	11	02	3	56	48	»	35	65	3	92	1
80	28	»	4	20	»	»	12	60	4	07	40	»	40	74	4	48	1
90	31	50	4	72	50	»	14	17	4	58	33	»	45	84	5	04	1
100	35	»	5	25	»	»	15	75	5	09	25	»	50	93	5	60	18

OU A 35 FRANCS L'HECTOLITRE.

Hectolitres.	Valeur.		DROITS DE DÉTAIL.									
			15 p. 100.		Déduction du 3 p. 100.		Net.		Décime.		Total.	
	fr.	c.	fr.	c.	fr.	c.	fr.	c.	fr.	c.	fr.	c.
1	35	»	5	25	»	15	5	10	»	51	5	61
2	70	»	10	50	»	31	10	19	1	02	11	21
3	105	»	15	75	»	47	15	28	1	53	16	81
4	140	»	21	»	»	63	20	37	2	04	22	41
5	175	»	26	25	»	78	25	47	2	55	28	02
6	210	»	31	50	»	94	30	56	3	06	33	62
7	245	»	36	75	1	10	35	65	3	57	39	22
8	280	»	42	»	1	26	40	74	4	08	44	82
9	315	»	47	25	1	41	45	84	4	59	50	43
10	350	»	52	50	1	57	50	93	5	10	56	03
20	700	»	105	»	3	15	101	85	10	19	112	04
30	1050	»	157	50	4	72	152	78	15	28	168	06
40	1400	»	210	»	6	30	203	70	20	37	224	07
50	1750	»	262	50	7	87	254	63	25	47	280	10
60	2100	»	315	»	9	45	305	55	30	56	336	11
70	2450	»	367	50	11	02	356	48	35	65	392	13
80	2800	»	420	»	12	60	407	40	40	74	448	14
90	3150	»	472	50	14	17	458	33	45	84	504	17
100	3500	»	525	»	15	75	509	25	50	93	560	18

A 40 CENTIMES LE LITRE.

Litres.	Valeur.		DROITS DE DÉTAIL.														
			15 p. 100.			Déduction du 3 p. 100.			Net.			Décime.			Total.		
	fr.	c.	fr.	c.	m.	fr.	c.	m.	fr.	c.	m.	fr	c.	m.	fr.	c.	m
1	»	40	»	06	»	»	»	18	»	5	82	»	»	59	»	6	41
2	»	80	»	12	»	»	»	36	»	11	64	»	01	17	»	12	84
3	1	20	»	18	»	»	»	54	»	17	46	»	1	75	»	19	21
4	1	60	»	24	»	»	»	72	»	23	28	»	2	33	»	25	61
5	2	»	»	30	»	»	»	90	»	29	10	»	2	91	»	32	01
6	2	40	»	36	»	»	1	08	»	34	92	»	3	50	»	38	42
7	2	80	»	42	»	»	1	26	»	40	74	»	4	08	»	44	82
8	3	20	»	48	»	»	1	44	»	46	56	»	4	66	»	51	22
9	3	60	»	54	»	»	1	62	»	52	38	»	5	24	»	57	62
10	4	»	»	60	»	»	1	80	»	58	20	»	5	82	»	64	02
20	8	»	1	20	»	»	3	60	1	16	40	»	11	64	1	28	04
30	12	»	1	80	»	»	5	40	1	74	60	»	17	46	1	92	06
40	16	»	2	40	»	»	7	20	2	32	80	»	23	28	2	56	08
50	20	»	3	»	»	»	9	»	2	91	»	»	29	10	3	20	10
60	24	»	3	60	»	»	10	80	3	49	20	»	34	92	3	84	12
70	28	»	4	20	»	»	12	60	4	07	40	»	40	74	4	48	14
80	32	»	4	80	»	»	14	40	4	65	60	»	46	56	5	12	16
90	36	»	5	40	»	»	16	20	5	23	80	»	52	38	5	76	18
100	40	»	6	»	»	»	18	»	5	82	»	»	58	20	6	40	20

OU A 40 FRANCS L'HECTOLITRE.

Hectolitres.	Valeur.		15 p. 100.		Déduction du 3 p. 100.		Net.		Décime.		Total.	
	fr.	c.	fr.	c.	fr.	c.	fr.	c.	fr.	c.	fr.	c.
1	40	»	6	»	»	18	5	82	»	59	6	41
2	80	»	12	»	»	36	11	64	1	17	12	81
3	120	»	18	»	»	54	17	46	1	75	19	21
4	160	»	24	»	»	72	23	28	2	33	25	61
5	200	»	30	»	»	90	29	10	2	91	32	01
6	240	»	36	»	1	08	34	92	3	50	38	42
7	280	»	42	»	1	26	40	74	4	08	44	82
8	320	»	48	»	1	44	46	56	4	66	51	22
9	360	»	54	»	1	62	52	38	5	24	57	62
10	400	»	60	»	1	80	58	20	5	82	64	02
20	800	»	120	»	3	60	116	40	11	64	128	04
30	1200	»	180	»	5	40	174	60	17	46	192	06
40	1600	»	240	»	7	20	232	80	23	28	256	08
50	2000	»	300	»	9	»	291	»	29	10	320	10
60	2400	»	360	»	10	80	349	20	34	92	384	12
70	2800	»	420	»	12	60	407	40	40	74	448	14
80	3200	»	480	»	14	40	465	60	46	56	512	16
90	3600	»	540	»	16	20	523	80	52	38	576	18
100	4000	»	600	»	18	»	582	»	58	20	640	20

A 45 CENTIMES LE LITRE.

Litres.	Valeur.		15 pour 100			Déduction du 3 p. 100.			Net.			Décime.			Total.		
	fr.	c.	fr.	c.	m.	fr.	c.	m.	fr.	c.	m.	fr.	c.	m.	fr.	c.	m.
1	»	45	»	6	75	»	»	20	»	06	55	»	»	66	»	7	
2	»	90	»	13	50	»	»	40	»	13	10	»	1	31	»	14	
3	1	35	»	20	25	»	»	60	»	19	65	»	1	97	»	21	6
4	1	80	»	27	»	»	»	81	»	26	19	»	2	62	»	28	8
5	2	25	»	33	75	»	01	01	»	32	74	»	3	28	»	36	
6	2	70	»	40	50	»	01	21	»	39	29	»	3	93	»	43	
7	3	15	»	47	25	»	01	41	»	45	84	»	4	59	»	50	4
8	3	60	»	54	»	»	01	62	»	52	38	»	5	24	»	57	6
9	4	05	»	60	75	»	01	82	»	58	93	»	5	90	»	64	8
10	4	50	»	67	50	»	02	02	»	65	48	»	6	55	»	72	
20	9	»	1	35	»	»	04	05	1	30	95	»	13	10	1	44	
30	13	50	2	02	50	»	06	07	1	96	43	»	19	65	2	16	
40	18	»	2	70	»	»	08	10	2	61	90	»	26	19	2	88	
50	22	50	3	37	50	»	10	12	3	27	38	»	32	74	3	60	1
60	27	»	4	05	»	»	12	15	3	92	85	»	39	29	4	32	1
70	31	50	4	72	50	»	14	17	4	58	33	»	45	84	5	04	1
80	36	»	5	40	»	»	16	20	5	23	80	»	52	38	5	76	1
(90	40	50	6	07	50	»	18	22	5	89	28	»	58	93	6	48	2
100	45	»	6	75	»	»	20	25	6	54	75	»	65	48	7	20	2

OU A 45 FRANCS L'HECTOLITRE.

Hectolitres.	Valeur.		DROITS DE DÉTAIL.									
			15 p. 100		Déduction du 3 p. 100		Net.		Décime.		Total.	
	fr.	c.	fr.	c.	fr.	c.	fr.	c	fr.	c.	fr.	c.
1	45	»	6	75	»	20	6	55	»	66	7	21
2	90	»	13	50	»	40	13	10	1	31	14	41
3	135	»	20	25	»	60	19	65	1	97	21	62
4	180	»	27	»	»	81	26	19	2	62	28	81
5	225	»	33	75	01	01	32	74	3	28	36	02
6	270	»	40	50	01	21	39	29	3	93	43	22
7	315	»	47	25	01	41	45	84	4	59	50	43
8	360	»	54	»	01	62	52	38	5	24	57	62
9	405	»	60	75	01	82	58	93	5	90	64	83
10	450	»	67	50	02	02	65	48	6	55	72	03
20	900	»	135	»	04	05	130	95	13	10	144	05
30	1350	»	202	50	06	07	196	43	19	65	216	08
40	1800	»	270	»	08	10	261	90	26	19	288	09
50	2250	»	337	50	10	12	327	38	32	74	360	12
60	2700	»	405	»	12	15	392	85	39	29	432	14
70	3150	»	472	50	14	17	458	33	45	84	504	17
80	3600	»	540	»	16	20	523	80	52	38	576	18
90	4050	»	607	50	18	22	589	28	58	93	648	21
100	4500	»	675	»	20	25	654	75	65	48	720	23

, A 5o CENTIMES LE LITRE.

Litres.	Valeur.		DROITS DE DÉTAIL.														
			15 p. 100.			Déduction du 3 p. 100.			Net.			Décime.			Total.		
	fr.	c.	fr.	c.	m.	fr.	c.	m.	fr.	c.	m.	fr.	c.	m.	fr.	c.	m.
1	»	5o	»	o7	5o	»	»	22	»	o7	28	»	»	73	»	8	o1
2	1	»	»	15	»	»	»	45	»	14	55	»	o1	46	»	16	o1
3	1	5o	»	22	5o	»	»	67	»	21	88	»	2	19	»	24	o2
4	2	»	»	3o	»	»	»	9o	»	29	1o	»	2	91	»	32	o1
5	2	5o	»	37	5o	»	o1	12	»	36	38	»	3	64	»	4o	o2
6	3	»	»	45	»	»	o1	35	»	43	65	»	4	37	»	48	o2
7	3	5o	»	52	5o	»	o1	57	»	5o	93	»	5	1o	»	56	o3
8	4	»	»	6o	»	»	o1	8o	»	58	2o	»	5	82	»	64	o2
9	4	5o	»	67	5o	»	o2	o2	»	65	48	»	6	55	»	72	o3
1o	5	»	»	75	»	»	o2	25	»	72	75	»	7	28	»	8o	o3
2o	1o	»	1	5o	»	»	o4	5o	1	45	5o	»	14	55	1	6o	o5
3o	15	»	2	25	»	»	o6	75	2	18	25	»	21	83	2	4o	o8
4o	2o	»	3	»	»	»	o9	»	2	91	»	»	29	1o	3	2o	1o
5o	25	»	3	75	»	»	11	25	3	63	75	»	36	38	4	oo	13
6o	3o	»	4	5o	»	»	13	5o	4	36	5o	»	43	65	4	8o	15
7o	35	»	5	25	»	»	15	75	5	o9	25	»	5o	93	5	6o	18
8o	4o	»	6	»	»	»	18	»	5	82	»	»	58	2o	6	4o	2o
9o	45	»	6	75	»	»	2o	25	6	54	75	»	65	48	7	2o	23
1oo	5o	»	7	5o	»	»	22	5o	7	27	5o	»	72	75	8	oo	25

OU A 5o FRANCS L'HECTOLITRE.

Hectolitres.	Valeur.		DROITS DE DÉTAIL.									
			15 p. 100.		Déduction du 3 p. 100.		Net.		Décime.		Total	
	fr.	c.	fr.	c.	fr.	c.	fr.	c.	fr.	c.	fr.	c
1	5o	»	7	5o	»	22	7	28	»	73	8	o1
2	100	»	15	»	»	45	14	55	1	46	16	o1
3	15o	»	22	5o	»	67	21	83	2	19	24	o2
4	200	»	3o	»	»	9o	29	10	2	91	32	o1
5	25o	»	37	5o	1	12	36	38	3	64	4o	o2
6	3oo	»	45	»	1	35	43	65	4	37	48	o2
7	35o	»	52	5o	1	57	5o	93	5	10	56	o3
8	400	»	6o	»	1	8o	58	20	5	82	64	o2
9	45o	»	67	5o	2	o2	65	48	6	55	72	o3
10	5oo	»	75	»	2	25	72	75	7	28	8o	o3
20	1000	»	15o	»	4	5o	145	5o	14	55	16o	o5
3o	15oo	»	225	»	6	75	218	25	21	83	240	o8
4o	2000	»	3oo	»	9	»	291	»	29	10	32o	10
5o	25oo	»	375	»	11	25	363	75	36	38	4oo	13
6o	3ooo	»	45o	»	13	5o	436	5o	43	65	480	15
70	35oo	»	525	»	15	75	5o9	25	5o	93	56o	18
8o	4000	»	6oo	»	18	»	582	»	58	20	64o	20
9o	45oo	»	675	»	20	25	654	75	65	48	72o	23
10o	5ooo	»	75o	»	22	5o	727	5o	72	75	8oo	25

f

OBSERVATIONS.

Nous avons cru inutile de pousser le calcul de la vente en détail au-delà de 5o centimes et de 100 hectolitres. Si la boisson était vendue au-dessus du prix énoncé, on opérerait de cette manière : pour 75 centimes, on prendrait d'abord le prix de 5o centimes en y ajoutant celui de 25 centimes ; et ainsi de suite.